BEI GRIN MACHT SICH IHR
WISSEN BEZAHLT

Informationsethik. Bevölkerungswachstum, Gender Pay Gap und weitere Aspekte

Nils Voß

Bibliografische Information der Deutschen Nationalbibliothek:

Die Deutsche Nationalbibliothek verzeichnet diese Publikation in der Deutschen Nationalbibliografie; detaillierte bibliografische Daten sind im Internet über http://dnb.d-nb.de abrufbar.

ISBN: 9783346787989
Dieses Buch ist auch als E-Book erhältlich.

© GRIN Publishing GmbH
Nymphenburger Straße 86
80636 München

Druck und Bindung: Books on Demand GmbH, Norderstedt Germany
Gedruckt auf säurefreiem Papier aus verantwortungsvollen Quellen

Das vorliegende Werk wurde sorgfältig erarbeitet. Dennoch übernehmen Autoren und Verlag für die Richtigkeit von Angaben, Hinweisen, Links und Ratschlägen sowie eventuelle Druckfehler keine Haftung.

Das Buch bei GRIN: https://www.grin.com/document/1312768

Informationsethik

Studiengang: MBA – Digital Transformation

LV / Modul: Informationsethik / Modul 6

Datum: 11.03.2022

Inhaltsverzeichnis

Abbildungsverzeichnis

Einleitung

In dieser Hausarbeit sollen globale und historische Trends begriffen werden. Um diese begreifen zu können, werden verschiedene Datenbanken in Betracht gezogen. Unter anderem sind dies:

- Our World in Data
- Gapminder
- Statista

Im Verlaufe der Hausarbeit werden Zehn verschiedene Fragestellungen beantwortet und am Ende wird eine Conclusio gegeben.

1 Fragestellung 1: Weltbevölkerung

Die Weltbevölkerung wächst unaufhörlich. Die aktuelle Weltbevölkerung liegt bei ungefähr 7,9 Milliarden Menschen.[1]

Eine Statistik von Statista zeigt, dass im Jahr 2100 ca. 10,87 Menschen auf der Erde leben sollen.[2]

Doch wie soll mit diesem Wachstum umgegangen werden und wie soll dieser strukturiert werden? Ist der Verlauf beunruhigend und wie sieht der Verlauf aus?

Die oben schon beschriebene Grafik von Statista bietet einen guten Überblick über den Wachstum der Weltbevölkerung. Die Statistik zeigt, dass der Anstieg er Weltbevölkerung in der jetzigen Phase am größten ist. Der Anstieg soll sich zum Ende des Jahrhunderts ein bisschen einpendeln. Der momentane Anstieg an Menschen auf der Erde ist also, wenn man der Prognose nach geht, der höchste Wachstum von 2010 bis 2100.

Grund zur Beunruhigung gibt es im Hinblick auf Ressourcen. Die Menschen verbrauchen mehr Ressourcen als der Planet hergeben kann. Die Digitalisierung spielt hierbei also eine große Rolle. Die Menschen müssen die Digitalisierung vorantreiben, um den Abbau, von zum Beispiel Öl, zu vermeiden oder anzupassen.

Es wird eine Verschiebung der regionalen Verteilung zwischen den einzelnen Kontinenten geben. Die zentralafrikanische Republik hat im Moment eine Lebenserwartung von ungefähr 53 Jahren.[3] Das Gesundheitssystem wird aber auch in Afrika immer besser. Dies wird eine längere Lebenserwartung zur Folge haben und somit eine Verschiebung der regionalen Verteilung zur Folge haben. Des weiteren haben Länder wie China und Indien in den letzten Jahren ein enormes Wachstum an der Bevölkerung dargelegt. Auch durch diese Länder wird sich die Verteilung weiter nach Asien verschieben.

---

[1] Countrymeters (2022), URL.
[2] Statista (2022), URL.
[3] Statista (2022), URL.

2 Fragestellung 2: Bevölkerungswachstum der Kinder

In der Aufgabenstellung wird beschrieben, dass im Jahr 2020 knapp 2 Milliarden Kinder unter 15 Jahren gezählt worden sind.

Die Frage, die sich stellt: Wie viele Kinder werden es bis es Ende des Jahrhunderts sein?

Laut Statista werden im Jahr 2100 ungefähr 2,28 Milliarden Kinder auf der Welt sein.[4]

3 Fragestellung 3: Lebenserwartung

Die Menschen leben immer länger und gesünder. Den Menschen in Afrika geht es gesundheitlich schlechter als Menschen aus Europa. Doch insgesamt geht es allen Menschen auf der Welt besser als noch vor 150 Jahren.

Anfang des 19. Jahrhunderts lag die Lebenserwartung noch bei ungefähr 40 Jahren und mittlerweile liegt die allgemeine Lebenserwartung auf der Welt bei ungefähr 72 Jahren.[5] Über die letzten Jahrzehnte hat sich also ein riesiger Schritt in der allgemeinen Lebenserwartung getan. Einige Länder haben immer noch eine niedrigere Erwartungshaltung als andere allerdings ist die allgemeine Lebenserwartung deutlich gestiegen.

4 Fragestellung 4: The short history of global living conditions and why it matters that we know it

In diesem Kapitel werden die Kennzahlen des Artikels von Max Roser „The short history of global living conditionsand why it matters that we know it" beschrieben und es wird bewertet welche Schlussfolgerung man aus diesen Kennzahlen ziehen kann.

Die Präsentation von Gapminder zeigt, dass die Entwicklung der Menschen im Vergleich zum Einkommen enorm sind. Um das Jahr 1975 war die Verteilung von Menschen zum Einkommen enorm. China bildet dort ein sehr Bevölkerungsreiches Land, aber auch ein sehr armes Land ab.[6]

---

[4] Statista. (2022) URL
[5] Our World in Data. (2019), URL
[6] Gapminder. (2021). URL

Im weiteren Folgen die 6 Kennzahlen die aus dem Artikel entnommen werden konnten:[7]

1. **Extreme Armut:** Roser beschreibt die extreme Armut mit der Definition der UN. Diese besagt, dass ein Mensch in extremer Armut lebt, wenn er mit weniger als 1,9 USD pro Tag leben muss.

2. **Lesen/ Schreiben:** Die Bildung hat sich weltweit stark verbessert und ist nicht mehr nur für die Reichen Menschen der Welt vorgesehen. Vor ungefähr 200 Jahren konnte nur jeder 10. Mensch über 15 Jahren lesen und schreiben. Mittlerweile können 9 von 10 Menschen lesen und schreiben. Dies zeigt eine sehr positive Entwicklung der Bildung.

3. **Gesundheit:** In den letzten 200 Jahren hat sich die allgemeine Gesundheit zwar in den meisten Augen stark verbessert, dennoch ist dies schwer zu messen. Roser bedient sich hierbei der Kindersterblichkeit. Diese hat einen enormen Rückgang zu verzeichnen. Dies ist sowohl auf die bessere medizinische Versorgung, aber auch auf die ausgeprägte medizinische Forschung zurückzuführen.

4. **Freiheit:** Autokratische Länderführung und Kolonien sind stark gesunken. Im 18. Jahrhundert lebten nur ungefähr 1% der Menschen in Demokratie. Dies hat sich nach Roser geändert und mittlerweile leben über 50% der Weltbevölkerung in Demokratie.

5. **Bevölkerung:** Die steigende Bevölkerung wurde schon in Fragestellung 1 thematisiert. Nur wieso steigt die Bevölkerung? Ein besseres Gesundheitssystem und medizinische Versorgung sind die Hauptgründe. Daraus resultiert folglich auch eine sinkende Sterblichkeitsrate bei Kindern. Dieser Faktor lässt die Bevölkerung ebenfalls weiter ansteigen.

6. **Bildungsniveau:** Roser bewertet das Bildungsniveau anhand des Bildungsgrades oder des Bildungsabschlusses. Immer mehr Menschen machen ein Studium und bekommen ihren Schulabschluss. Nach diesem Kriterium kann ein deutlicher Anstieg durch die Rate der Abschlüsse gezogen werden. Roser sagt auch dass sich dies in der Zukunft wohl weiter so entwickeln wird.

---

[7] Roser, M. (2020). URL

5 Fragestellung 5: Lebenserwartung – Durchschnittliches Einkommen

Die Grafik von Gapminder zeigt, dass im Jahr 1800 die ungefähre Lebenserwartung bei 20-40 Jahren lag. Zu dieser Zeit waren die meisten Menschen Selbstversorger und haben im Landwirtschaftlichen Bereich gearbeitet. Aus diesem Grund hat das Einkommen auch kaum eine Auswirkung auf den Wohlstand oder die Gesundheit gemacht.

Mit der Industrialisierung hat sich dieser Fakt geändert. Das Einkommen der Menschen hatte plötzlich eine Auswirkung auf die Gesundheit und den Wohlstand. Die Industrialisierung ist also eines der Hauptverantwortlichen für den Anstieg des allgemeinen Wohlstands und der Lebenserwartung in den letzten 2 Jahrhunderten. Der Kontinent Afrika ist ein gutes Beispiel hierfür. Während in dem Kontinent Europa die Industrialisierung vorangeschritten ist, ist sie in Afrika nicht wirklich vergleichbar angestiegen. In Afrika sind immer noch viele Menschen Selbstversorger oder in der Landwirtschaft tätig. Dies untermauert die Behauptung, dass die Industrialisierung dem Menschen mehr Lebenserwartung und Wohlstand bringt.

Es werden im nächsten Schritt die Länder Deutschland, Japan und Äthiopien verglichen.

Deutschland und Japan sind beides Länder die viel von der Industrialisierung profitiert haben. Äthiopien hingegen hat sehr wenig industrialisiert. Sie sind auf einem sehr niedrigen Stand. Deutschland und Japan haben über die letzten 2 Jahrhunderte eine steige Progression im Bereich Lebenserwartung und Grundeinkommen erlebt. Äthiopien hat hingegen einen sehr geringen Anstieg erlebt. Dies liegt insbesondere dem niedrigen Stand der Industrialisierung in dem Land zugrunde. Im Jahr 2020 ist die Lebenserwartung in Deutschland und Japan ca. 17 Jahre über dem Durchschnitt von Äthiopien.

6   Fragestellung 6: CO2 Emissionen vs. Elektrizitätsverbrauch

Inspiriert von dem Skript zum Thema Informationsethik wurden die Themen CO2 Emissionen und Elektrizitätsverbrauch gewählt, um einen Vergleich zwischen 2 Ländern aufzustellen. Für den Vergleich wurden Norwegen und die USA gewählt.

Norwegen ist ein Land, welches schon früh mit der Entwicklung von alternativen Energiegewinnungsmethoden investiert hat und die Digitalisierung in diesem Land eine große Rolle spielt. Die USA steht Norwegen zwar im Thema Digitalisierung in nichts nach, allerdings hat die USA kaum Gelder in die Entwicklung von alternativen Wegen der Energiegewinnung investiert.

Die steigende Weltbevölkerung sorgt für einen steigenden Elektrizitätsverbrauch pro Person. Es können Korrelationen zwischen dem Elektrizitätsverbrauch pro Kopf und dem CO2 Verbrauch pro Kopf feststellen.

Dies ist eines der wichtigsten Aufgaben der Digitalisierung und der alternativen Energiegewinnung. Die Weltbevölkerung wird weiter ansteigen, allerdings darf dies nicht zur Folge haben, dass die CO2 Emissionen pro Kopf weiter ansteigen. Der Autor hält dies für den Kernfaktor der Digitalisierung.

Wenn man die beiden Länder in Gapminder vergleicht, so sieht man, dass die Länder einen gleichmäßig ansteigenden Elektrizitätsverbrauchen pro Person haben. Der Unterschied, der sich hier feststellen lässt, ist das Norwegen einen deutlich geringeren Anstieg an CO2 Emissionen aufweist. Dies lässt sich auf die alternativen Energiegewinnungsmethoden von Norwegen zurückführen.

Laut Statista weist die USA einen Energieaufwand, aus nicht erneuerbaren oder nicht alternativen Energien, von über 80% auf.[8] Norwegen hingegen weißt im Jahr 2020 eine Energiegewinnung aus alternativen Energien von knapp 80% auf.[9]

---

[8] Statista. (2017) URL.
[9] Statista. (2022) URL.

7 Fragestellung 7: China und Großbritannien – Treibhausgasemissionen

In Gapminder lässt sich feststellen, dass China und Großbritannien einen großen Unterschied im Bereich CO_2 Emissionen, absolut gesehen, aufweisen.

Großbritannien hat sich im letzten Jahrhundert kaum weiterentwickelt, während China einen massiven Anstieg der CO_2 Emissionen hinlegte. China hat einen Wert von 10,8 Tonnen erreicht. Vor der Industrialisierung waren Großbritannien und China noch ungefähr gleich auf.

Man kann also behaupten, dass China durch die Industrialisierung einen massiven Anstieg des CO_2 zu verbuchen hat.

Der interessante Teil beginnt jedoch, wenn man die beiden Länder mit der Bevölkerungsdichte in Relativität setzt. Hierbei zeigt sich, dass die CO_2 Emissionen pro Person kaum voneinander abweichen. Die enorme Bevölkerungsdichte in China hat also die absoluten CO_2 Emissionen im Land zu verursachen. Großbritannien ist zwar nicht angestiegen, allerdings kann man sagen, dass Großbritannien sich seit ungefähr 2 Jahrhunderten auf einem stetig hohen Niveau befindet.

8 Fragestellung 8: Gender Pay Gap

Gender Pay Gap beschreibt die Tatsache, dass Frauen in der Regel ein geringeres Einkommen gegenüber Männern haben. In stark industrialisierten Ländern wie Deutschland gibt es meist eine starke Abweichung der Gehälter. In Ländern die weniger industrialisiert sind wie Rumänien, ist der Gender Pay Gap geringer.

Dr. Jordan Peterson ist ein berühmter Psychologe, welcher sich gegen das Prinzip des Gender Pay Gap ausspricht. Ähnlich ist der Autor der Meinung, dass ein Gender Pay Gap aus mehreren Faktoren besteht. Natürlich sollten keine Einkommensunterschiede in dem gleichen Beruf für die gleiche Arbeit, nur auf Grund des Geschlechts gemacht werden. Allerdings haben Frauen und Männer verschiedene Persönlichkeiten, bedingt durch die Hormone. Frauen entscheiden sich auch heute noch oft für Berufe die weniger gut bezahlt werden. Dies sind oft Berufe, bei denen man anderen Menschen hilft. Männer entscheiden sich öfter bewusst für Berufe, welches ein hohes Einkommen versprechen. Auch ist die Quote der Männer in Selbstständigkeiten höher.[10] Unternehmen werden daher oft von Männern geführt und dass der Geschäftsführer mehr verdient, ist kein Geheimnis.

Frauen sollten bei gleichen Bedingungen auf jeden Fall gleichgestellt werden, allerdings entscheiden sich Frauen oft für weniger gut bezahlte Jobs.

Es muss einen Wandel in der Gesellschaft geben und nicht einfach einen Wandel im Gehalt. Als ein Beispiel dient der Vaterschaftsurlaub. Dieser ist zwar ein Schritt in die richtige Richtung, um eine Gleichberechtigung herzustellen, allerdings ist dies Gesellschaftlich noch nicht so anerkannt, wie es sollte.

Der Gender Pay Gap sollte also weniger als ein Gehaltsproblem, sondern viel mehr als ein Gesellschaftsproblem angesehen werden.

9 Fragestellung 9: Heutiges Zeitalter: Kriegerisch oder pazifistisch

Ob das heutige Zeitalter ein kriegerisches oder pazifistisches ist, lässt sich durch die untenstehende Abbildung darstellen.

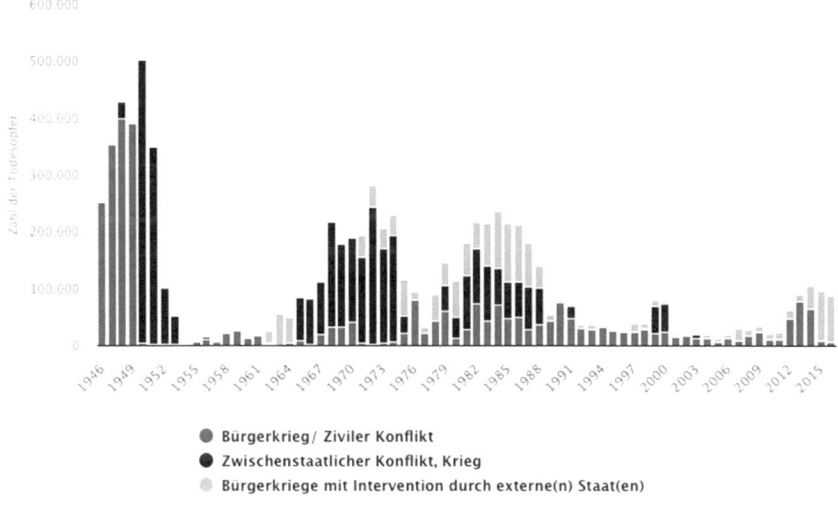

Abbildung 1: Zahl der Todesopfer durch Kriege pro 100.000 (Quelle: Statista (2022) URL.)

---

[10] Statista. (2015) URL.

Die Abbildung legt dar, dass das 21. Jahrhundert als pazifistisch angesehen werden kann, da es vergleichsweise wenig Todesopfer durch Kriege gegeben hat.

10 Fragestellung 10: Erkenntnisse aus den 3 Videos von Gapminder

Video 1: How many are rich and how many are poor?

Professor Rosling beschreibt die Einkommensverteilung weltweit und geht dabei auf das Einkommen pro Tag auf einen Menschen ein. Ungefähr eine Milliarde Menschen leben von weniger als 1 USD pro Tag und gelten somit zu der ärmsten Gruppe der Weltbevölkerung. Die mittlere Gruppe ist die größte Gruppe. Hier leben die Menschen von weniger als 10 USD pro Tag und diese Gruppe beinhaltet die Hälfte der kompletten Weltbevölkerung. Die letzte Gruppe ist die wohlhabendste Gruppe. Sie lebt von weniger als 100 USD pro Tag. Zu dieser letzten Gruppe zählen nur ca. 10 Millionen Menschen.

Video 2: Will saving poor people lead to overpopulation?

Professor Rosling beschreibt das Problem in der Kindersterblichkeit. In armen Ländern bekommen die Menschen ca. 5 Kinder. Dies dient als eine Art wirtschaftliche Absicherung für die Eltern, da von 5 Kindern im Schnitt 1 Kind stirbt. Zu dieser Gruppe gehören ungefähr 2 Milliarden Menschen und die restlichen 5 Milliarden Menschen bekommen im Schnitt ungefähr 2 Kinder. Die Kindersterblichkeit in solchen Ländern zu reduzieren, würde nicht zu einer Überpopulation führen, sondern viel mehr zu einer Reduzierung. Man würde den Eltern so die Angst nehmen und sie würden folglich weniger Kindern bekommen.

Video 3: How did babies per woman change?

Vom Jahr 1800 bis 1900 wurden noch 6 Kinder pro Frau geboren. Im Jahr 1965 hat sich dies auf 5 Kinder reduziert. Seit diesem Jahr sind die Zahlen sinkend und wir befinden uns mittlerweile bei einem Wert von 2 Kindern pro Frau.

11 Conclusio

Die Bearbeitung der Hausarbeit hat einige neue Erkenntnisse gebracht. Ich konnte die Sachen aus einer sachlichen und statistischen Ebene betrachten und mir so eine Meinung bilden. Teilweise konnte ich mir sogar eine neue Meinung zu einem Thema bilden. Bestes Beispiel hierfür ist die Frage, ob das Retten von armen Leuten zu einer Überpopulation führen würde. Meiner Meinung nach war dies der Fall. Nach dem großartigen Video von Gapminder von Professor Rosling habe ich meine Meinung geändert und bin froh die Möglichkeit bekommen zu haben.

Außerdem ist mir wieder einmal mehr bewusst geworden, wieso ich diesen Studiengang belege. Ich möchte die Digitalisierung und die Entwicklung von alternativen Energien voranbringen, um den folgenden Generationen ein lebenswertes Leben auf diese Planeten bieten zu können.

Eine große Herausforderung für die gesamte Menschheit wird der Kontinent Afrika sein. Hier herrscht eine viel zu große Armut und wir sind jetzt am Zug etwas zu unternehmen, bevor dies in einer Katastrophe für alle Beteiligten endet.

Literaturverzeichnis

countrymeters. Weltbevölkerung. (2022). URL: https://countrymeters.info/de/World Zugriff am: 10.03.2022.

GAPMINDER. (2021). Number of People by Income. URL: https://tools-legacy.gapminder.org/tools/#$state$time$value=1976;;&chart-type=mountain Zugriff am: 10.03.2022.

Our World in Data. (2019). Life Expectancy. URL: https://ourworldindata.org/life-expectancy Zugriff am: 10.03.2022.

Roser, M. (2020). The short history of global living conditions and why it matters that we know it. URL: https://ourworldindata.org/a-history-of-global-living-conditions-in-5-charts Zugriff am: 10.03.2022.

Statista. (2015). Männer häufiger selbstständig als Frauen. URL: https://de.statista.com/infografik/3748/anteil-selbststaendiger-ohne-angestellte-an-der-gesamtheit-der-beschaeftigten-in-prozent-2013/ Zugriff am: 11.03.2022.

Statista. (2017). Der Energiemix der USA im Wandel der Zeit. URL: https://de.statista.com/infografik/8762/stromerzeugung-in-den-usa-nach-energietraeger/ Zugriff am: 11.03.2022.

Statista. (2022). Anteil erneuerbarer Energien am Bruttoendenergieverbrauch in Norwegen in den Jahren 2010 bis 2020. URL: https://de.statista.com/statistik/daten/studie/161422/umfrage/stromerzeugung-aus-erneuerbaren-energien-in-norwegen/ Zugriff am: 11.03.2022.

Statista. (2022). Anzahl der Todesopfer durch Bürgerkriege und zwischenstaatliche Konflikte weltweit in den Jahren 1946 bis 2016. URL: https://de.statista.com/statistik/daten/studie/1112151/umfrage/todesopfer-durch-buergerkriege-und-zwischenstaatliche-konflikte/ Zugriff am: 11.03.2022.

Statista. (2022). Prognose zur Entwicklung der Anzahl der Kinder und Jugendlichen weltweit von 1950 bis 2100. URL: https://de.statista.com/statistik/daten/studie/1020797/umfrage/prognostizierte-anzahl-der-kinder-und-jugendlichen-weltweit/ Zugriff am 10.03.2022.

Statista. (2022). Prognose zur Entwicklung der Weltbevölkerung von 2010 bis 2100. URL: https://de.statista.com/statistik/daten/studie/1717/umfrage/prognose-zur-entwicklung-der-weltbevoelkerung/ Zugriff am: 10.03.2022.

Statista. (2022). Rankin der 25 Länder der niedrigsten Lebenserwartung im Jahr 2019. URL: https://de.statista.com/statistik/daten/studie/37216/umfrage/ranking-der-20-laender-mit-der-niedrigsten-lebenserwartung/ Zugriff am: 10.03.2022.

·